EL

JARRÓN

AZUL

EL

JARRÓN

AZUL

Peter B. Kyne y
Carlos Alberto Sánchez

Grupo Editorial Tomo, S. A. de C. V.
Nicolás San Juan 1043
03100 México, D. F.

1a. edición, mayo 2006.

© *El jarrón azul*
   Peter B. Kyne y Carlos Alberto Sánchez

© 2006, Grupo Editorial Tomo, S.A. de C.V.
   Nicolás San Juan 1043, Col. Del Valle
   03100 México, D.F.
   Tels. 5575-6615, 5575-8701 y 5575-0186
   Fax. 5575-6695
   http://www.grupotomo.com.mx
   ISBN: 970-666-427-0
   Miembro de la Cámara Nacional
   de la Industria Editorial No 2961

Diseño de portada: Trilce Romero
Formación tipográfica: Ana Laura Díaz de Garibay
Supervisor de producción: Leonardo Figueroa

Este libro se publicó conforme al contrato establecido entre
Carlos Alberto Sánchez y *Grupo Editorial Tomo S.A. de C.V.*
Impreso en México - *Printed in Mexico*

Índice

a Elian

Introducción

William Peck es un personaje cuya historia se vuelve verídica en los corazones de aquellos que nunca se dan por vencido, esos hombres y mujeres a los que su coraje, persistencia y sentido de responsabilidad los hace no desistir nunca de las tareas que se les encomiendan.

Su historia es emocionante, como la de todo hombre o mujer que deja huella en la vida de las personas que lo conocen, y paso a paso nos va enseñando a manera de metáfora, las tantas pruebas y obstáculos a los que día a día nos sometemos, y que ponen a prueba nuestro carácter, sacando a relucir nuestra verdadera personalidad.

A través del relato de una de las pruebas más duras que tuvo en su vida, irás descubriendo de forma clara y divertida lo que se necesita y el tipo de persona que tendrás que ser para lograr tus metas y convertirte en un verdadero triunfador.

Esta historia se remonta a los años posteriores a la Primera Guerra Mundial, en la época en que muchos veteranos de guerra se enfrentaban al reto de poder conseguir un empleo, sobre todo, aquellos que habían quedado discapacitados.

Capítulo I

Buscando un candidato

Viajemos juntos al pasado y ubiquémonos en un día de trabajo en la importante empresa maderera y de vapores *Ricks Logging and Lumber Company*, la cual fue fundada por míster Alden P. Ricks, mejor conocido entre las madereras de la Costa del Pacífico como Cappy Ricks.

Y aunque Cappy Ricks ya se había retirado hace diez años de la dirección activa de sus negocios, en la práctica continuaba siendo su principal guía y consejero, rehusándose a abandonar su actividad mental no obstante haber suspendido su actividad física.

Los ayudantes y administradores de Cappy eran: míster Skinner, encargado de la empresa de maderas; y Matt Peasley quien dirigía la de navegación. Ambos eran hombres competentes en quienes Cappy tenía plena confianza, aunque a veces le entraban dudas sobre su buen criterio, especialmente en lo que se refiere a juzgar la capacidad de otros.

Según comienza la historia, en estos momentos el problema que los tres personajes confrontaban era la situación que existía en su oficina de Shangai, pues el empleado que habían enviado como gerente estaba dando malos resultados, aunque esto no sorprendía a Cappy, pues en su opinión, carecía de ciertas cualidades que él consideraba esenciales.

Así que ante la urgencia de encontrar un sustituto, estaban reunidos discutiendo quién sería el encargado de elegir al nuevo candidato.

—Skinner, ¿tienes un candidato para el puesto?

—Siento decirle que no míster Ricks, todos los empleados que tengo bajo mis órdenes son jóvenes, demasiado jóvenes para esa responsabilidad.

—¿Qué quieres decir con "demasiado jóvenes"?

—Bueno, el único a quien yo consideraría competente para ocupar el cargo sería Andrews, y apenas tiene 30 años.

—¿30 años?, pues si mal no recuerdo yo empecé a pagarte un sueldo de 100 mil dólares al año y a confiarte la responsabilidad de dos millones cuando apenas tenías 28.

—Es cierto Cappy, pero Andrews... bueno, aún no hemos puesto a prueba su competencia.

—¡Skinner! —interrumpió Cappy con voz resonante—, no alcanzo a comprender por qué no te he mandado al diablo. ¿Dices que todavía no hemos puesto a prueba la competencia de Andrews? ¿Por qué tenemos aquí a gente que no sabemos lo que puede hacer? ¡Contéstame! Y métete esto en la cabeza: *El mundo de hoy es el mundo de la juventud.*

—¡Oh! Sí Cappy, pero...

—¡Matt! ¿Qué te parece Andrews para el puesto de Shangai?

—¡Mmhh...! Lo creo capaz.

—¿Por qué?

—Porque lleva suficiente tiempo con nosotros como para haber adquirido la experiencia necesaria.

—¿Y crees tú, Matt, que también tenga el valor necesario para asumir la responsabilidad? Eso es aún más importante que la "tal experiencia" que Skinner y tú consideran como lo más esencial.

—De eso nada puedo decirte, pero me parece que tiene energía e iniciativa, y personalmente, me parece agradable.

—Bueno, antes de mandarlo tenemos que convencernos de que efectivamente tiene energía e iniciativa. Y si las tendrá cuando sea necesario que tome una decisión de urgencia estando a seis mil millas de distancia de los jefes a quienes pudiera consultar, y si puede proceder acertadamente de acuerdo con su criterio. Eso es lo más importante muchachitos.

—Tiene usted razón míster Ricks, y creo que es usted quien debe hacer la prueba.

—Estoy de acuerdo contigo Skinner, yo lo pondré a prueba; el próximo representante que mande a Shangai tendrá que ser un luchador que no se dé por vencido. Ya hemos tenido allá tres que resultaron ser un fracaso, y de esos no queremos más.

Sin decir otra palabra, Cappy se reclinó en su sillón giratorio y cerró los ojos.

Matt y Skinner, viendo que Cappy se disponía a fraguar la prueba, se retiraron en silencio para dejarlo pensar.

Capítulo II

La determinación nunca acepta un NO como respuesta

El destino no permitió dejar en paz a míster Ricks en sus reflexiones por mucho tiempo. En unos minutos el teléfono sonaba, y con enfado, como si alguien le hubiera interrumpido un sueño tranquilo, Cappy gritaba:

—¿Qué pasa?

—Míster Ricks, está aquí un joven que se dice llamar William Peck y desea verlo personalmente.

Entonces Cappy, suspirando como para reflexionar, exclamó.

—Bien, parece que nunca podré concentrarme, dígale que pase.

Un empleado condujo al visitante ante el presidente de la importante empresa, y Cappy, observándolo con un severo semblante, le dijo que tomara asiento señalándole una silla frente a su escritorio. Al acercarse Peck a la silla, Cappy notó que cojeaba un poco y que el brazo izquierdo lo tenía amputado hasta el codo. Sin embargo, esto no le sorprendió, pues de inmediato notó la insignia que lo identificaba como un veterano de la Gran Guerra.

—Míster Ricks, mi nombre es Peck, William E. Peck. Le agradezco mucho su atención por acceder a concederme esta entrevista.

—Bien, míster Peck, ¿qué puedo hacer por usted?

—He venido a que me dé trabajo.

—¿Mmhh? ¿A que le dé trabajo? Habla como si tuviera la seguridad de obtenerlo.

—Ciertamente, míster Ricks, yo sé que no me lo negará.

—¿Por qué piensa eso míster Peck? ¿Acaso cree que puede conmoverme?

Entonces Peck, sonriendo en una forma que le simpatizó a míster Ricks, replicó.

—Claro que no míster Ricks, claro que no, eso nunca; verá usted míster Ricks, yo soy agente vendedor y sé que puedo vender cualquier cosa que tenga algún valor, porque lo he demostrado durante cinco años y quiero demostrárselo a usted.

—Míster Peck —dijo Cappy sonriendo—, no pongo en duda que eso sea cierto, pero dígame, ¿acaso sus defectos físicos no son un impedimento?

—No, míster Ricks, de ningún modo. Lo que me queda de cuerpo está sano, sobre toda mi cabeza, y me queda el brazo derecho. Puedo pensar y puedo escribir, y aunque cojeo, puedo ir tras un pedido más rápido y más lejos que la mayoría de los que tienen dos piernas buenas. Así que, míster Ricks, ¿tiene un trabajo para mí?

—No, míster Peck, lo siento, pero sabrá que yo ya no tomo parte activa en la administración de este negocio desde hace diez años, aquí simplemente tengo mi oficina para despachar mi correspondencia particular y atender asuntos personales. A quien debe ver es a míster Skinner.

—Claro, a míster Skinner, sí; ya vi a míster Skinner, pero por el modo en que me habló, parece que no le simpaticé. Además, me dijo que por el momento no había suficiente trabajo ni para ocupar el personal que ya tienen. Yo le manifesté que estaba dispuesto a aceptar cualquier puesto, de taquígrafo hacia arriba, claro... Puedo escribir a máquina rápidamente con una mano, puedo llevar la contabilidad y puedo hacer cualquier trabajo de oficina.

—Y qué, ¿le dio alguna esperanza?

—No señor, ninguna.

—Entonces mire, haga esto —le dijo Cappy en tono confidencial—, le voy a dar un consejo, acá entre nosotros, vaya a ver a mi yerno, el capitán Matt Peasley, que dirige los transportes marítimos de esta empresa.

—Ah sí, ya hablé con el capitán Peasley, quien me trató con mucha amabilidad, y dijo que con todo gusto me daría el puesto, pero igual que míster Skinner, dice que por ahora el negocio atraviesa por duros momentos y que no es posible contratarme.

—Bien amiguito, entonces ¿para qué viene a verme a mí?

—Porque quiero trabajar aquí, en esta compañía. No me importa de qué, con tal que sea algo que yo pueda hacer. Si me dan un trabajo que pueda hacer, será hecho mejor que nunca; y si no puedo hacerlo renunciaré voluntariamente para evitarle la molestia de despedirme. Además, tengo referencias de primera clase.

Sorprendido por la actitud del joven Peck, pero disimulando su admiración, Cappy oprimió un botón en su escritorio y en un momento entró míster Skinner lanzando una mirada hostil hacia Peck y luego otra mirada interrogativa hacia míster Ricks.

—Oye Skinner —dijo Cappy con voz suave—, he estado meditando el asunto de enviar a Andrews a la oficina de Shangai, y he llegado a la conclusión de que tenemos que tomar el riesgo. Esa oficina está ahora a cargo de un empleado menor y es preciso nombrar cuanto antes a un nuevo gerente. Así que haremos lo siguiente: Vamos a mandar a Andrews en el próximo barco, haciéndole entender que asumirá el cargo temporalmente, claro. Y si vemos que no da resultado, entonces le ordenamos que se regrese a su puesto actual, para el cual es bastante apto. Mientras tanto, Skinner, te agradecería mucho que le dieras trabajo a este joven, que le des una oportunidad para demostrar lo que puede hacer. Hazme ese favor Skinner, sólo ese favor.

Míster Skinner sabía bien que un ruego de Cappy equivalía a una orden, y Peck, comprendiéndolo, lo miró con una sonrisa; entretanto Skinner, mordiéndose los labios, dijo con cierto despecho.

—Muy bien míster Ricks, ¿ha convenido con míster Peck el sueldo que ganará?

—Bueno Skinner, ese detalle te toca a ti, no es mi intención inmiscuirme en tus asuntos administrativos, naturalmente. No obstante, habrás de pagar al joven Peck lo que valga y ni un centavo más.

Entonces Cappy, volviéndose hacia el triunfante Peck, le amonesto diciendo.

—Oiga amiguito, no crea que porque he intervenido por usted ya tiene su porvenir asegurado, no; su porvenir usted mismo tendrá que labrarlo y tiene que comenzar muy pronto, sí, muy pronto, y por si no lo sabe, éstas son las reglas: La primera vez que meta la pata o no dé la medida en el trabajo que se le encomiende, le amonestarán; la segunda lo suspenderán por un mes para que reflexione; y la tercera quedará definitivamente fuera de esta organización. ¿Me he explicado con claridad?

—Sí señor —contesto Peck sin vacilar—, todo lo que pido es un lugar en la línea de combate y le aseguro que pronto me haré merecedor de la confianza de míster Skinner.

Entonces el aguerrido Peck, poniéndose de pie y dirigiéndose a Skinner, dijo:

—Muchas gracias, míster Skinner, por haber aceptado darme una oportunidad, haré cuanto esté de mi parte para merecer su confianza. Y por cierto, ¿cuándo debo empezar?

— ¿Cuándo estará usted listo? — Le preguntó Skinner con cierta ironía.

— Bueno, son la doce, es mediodía, voy a almorzar y estaré aquí a la una.

Mientras tanto Cappy, ensimismado, pensaba...

"Este diablo es buena pieza, no me explico cómo Skinner no pudo darse cuenta de ello. Sin embargo, si este pobre chico se sale un poco de la raya o si le brota en la cabeza una idea que quiera poner en práctica, es casi seguro que firmará su sentencia de muerte en esta empresa con esta clase de dirigentes cabeza hueca que tengo. Él no podrá defenderse, pero por fortuna todavía estaré yo aquí".

Míster Skinner se retiró mordiéndose los labios.

Al cerrase la puerta tras él, Peck levantó las cejas, tomó su sombrero y antes de marcharse dijo:

— Muchas gracias, míster Ricks, ha sido usted sumamente amable, pero parece que no voy a empezar bajo muy buenos auspicios.

Apenas había salido Peck cuando míster Skinner entró de nuevo, pero antes de poder abrir la boca, Cappy le impuso silencio levantando un dedo y, en voz cordial, le dijo:

—Ni una palabra, Skinner, ni una palabra; ya sé lo que me vas a decir y admito que tienes razón. Pero escucha hijo, ¿cómo era posible rechazar a un joven que tanto empeño tiene en trabajar y que no aceptó un NO como respuesta? A pesar de haber encontrado aquí sólo obstáculos para lograr su propósito, no se dio por vencido ni se desanimó. Tú luchaste contra él Skinner, pero te ganó y vaya que tuvo que vérselas con expertos... Ah, y por cierto, ¿qué trabajo le vas a dar?

—¿Cómo que cuál?, pues el de Andrews naturalmente.

—Ah sí, lo había olvidado...

Entonces Cappy, continuando con la avidez de quien cree acaba de hacer un gran descubrimiento que causará una verdadera revolución científica, dijo algo que hizo a Skinner recuperarse, sacándole a la vez una sonrisa maliciosa:

—Dime, Skinner, ¿no tenemos disponible como medio millón de pies de abeto fétido?

—Sí, ¿por qué?

—Bueno, manda a Peck a vender esa madera apestosa y un par de furgones de pinabete rojo o cualquiera otra de las maderas que casi nadie quiere ni regaladas.

—¡Claro que sí!, de acuerdo. Pero si no vende lo despachamos, ¿verdad?

—Supongo que sí, aunque lo sentiría mucho. Pero por el contrario, si tiene éxito, le pagaremos el sueldo que gana Andrews. Hay que ser justos Skinner, justos en todo y con todos. ¡Ah!, y Skinner, perdóname si me precipito un poco, pero te advierto: si le fijas el abeto a un precio demasiado alto para que no lo pueda vender, ¡al que despacharemos será a ti! Sé justo, hijo, sé justo.

Capítulo III

Da por hecho tu propósito

A las doce y media, cuando Cappy se dirigía a almorzar al Club Comercial, se topó con Peck, quien iba cojeando por la banqueta. El veterano de guerra se detuvo y de inmediato sacó una tarjeta del bolsillo y se la mostró a Cappy diciendo:

— ¿Qué le parece esta tarjeta míster Ricks?, ¿no cree que se ve flamante?

Cappy tomó la tarjeta y leyó en ella:

COMPAÑÍA MADERERA RICKS.
Maderas de todas clases y para todos usos
WILLIAM E. PECK
Representante
Si se pueden clavar clavos en ellas,
nosotros las tenemos.

Cappy Ricks pasó un dedo curiosamente por las líneas impresas y vio que estaban grabadas. Sabiendo perfectamente que un grabado de imprenta no se hace en media hora contestó:

—Oye Peck, no me quieras tomar el pelo y dime la verdad, ¿cuándo decidiste venir a trabajar con nosotros?

—Pues, siendo sinceros, desde hace una semana.

—Peck, hijo mío, ¿acaso has llegado a vender alguna vez abeto fétido?

—¿Abeto fétido? —Replicó con voz desconcertada y confundida— ¿Qué clase de madera es esa?

—El abeto de California es una madera áspera y correosa, muy pesada y que despide un olor como de zorrillo cuando se corta. Creo que Skinner te va a dar lo peor que hay para empezar, y ese abeto es de lo peor.

—Dígame míster Ricks, ¿se pueden clavar clavos en ella?

—Ah, claro.

—¿Ha llegado alguien a venderla alguna vez?

—Bueno, de vez en cuando uno de nuestros agentes más listos suele tropezar con algún mentecato que compra todo lo que le venden, de lo contrario no la tendríamos más. Afortunadamente Peck, no nos queda mucha, pero siempre que nuestros hacheros del monte encuentran un buen árbol, no lo dejan en pie, por eso siempre tenemos suficientes existencias de abeto fétido, para darles a los agentes algo con qué demostrar que saben vender.

Entonces con un aire de desafió y continuando su camino hacia las oficinas de la compañía, Peck replicó:

—Yo puedo vender cualquier cosa si vale el precio.

Capítulo IV

Los más grandes retos son para los más grandes hombres

Durante dos meses Cappy Ricks no volvió a ver a William Peck. El señor Skinner lo había mandado a los estados del sur y del este tan pronto como se orientó con todos los detalles del negocio: precios, pesos, tarifas de fletes, condiciones de venta, etcétera.

De Salt Lake City telegrafió un pedido de dos furgones de madera; en Ogdengden logró que el dueño de una maderería, a quien míster Skinner en vano había tratado de venderle por años, aceptara comprarle a prueba un furgón de tablas de abeto fétido de tamaños y clases surtidas a un precio más alto que el fijado por el propio Skinner.

En el estado de Arizona consiguió varios pedidos de madera para refuerzo de pozos de minas; pero sólo hasta que llegó al centro del estado de Texas empezó realmente a mostrar su extraordinaria habilidad para vender. Allí se especializó en la venta de maderas para torres de perforar pozos petroleros, y fue tal el bombardeo de pedidos que mandó, que míster Skinner tuvo que telegrafiarle pidiéndole que se calmara un poco en la venta de esa madera, pues se les estaban agotando las existencias, y que se dedicara mejor a vender de otras clases.

Completando su itinerario, emprendió el viaje de regreso, pero de paso se detuvo en el valle de San Joaquín y vendió allí dos furgones más del abeto fétido.

Al recibir míster Skinner el telegrama, fue a mostrárselo a Cappy.

—No cabe duda que Peck puede vender madera; ha conseguido cinco nuevos clientes y acaba de mandar otro pedido de dos furgones de ese abeto.

—Creo que tendré que aumentarle el sueldo el día primero del año.

—Óyeme, Skinner, ¿por qué diablos quieres esperar hasta el primero del año? Ese maldito hábito que tienes de dejar para más tarde lo que tienes que hacer hoy, especialmente cuando se trata de soltar el dinero, nos ha costado la pérdida de los servicios de más de un buen empleado. Sabiendo que Peck merece un aumento de sueldo, ¿por qué no se lo das ahora? Peck se sentirá motivado y trabajará más y mejor.

—Muy bien, muy bien míster Ricks, así lo haré. Voy a asignarle el mismo sueldo que Andrews tenía antes de que Peck tomara su puesto.

—Skinner, Skinner... realmente me obligas a recordarte quién manda en esta empresa. Peck vale más que Andrews, ¿verdad?

—Bueno, así parece.

—Entonces, por amor a la justicia, págale más y haz efectivo ese aumento desde el primer día que empezó a trabajar. ¡Oh, por Dios!, ¿cuándo cambiarás? ¡Vete de aquí porque me pones nervioso! ¡Un momento!, espera Skinner, ¿qué está haciendo Andrews en Shangai?

—Dándole a ganar dinero a la compañía del telégrafo —contestó Skinner con sarcasmo—, telegrafía como tres veces por semana sobre asuntos que él mismo debe decidir, y Matt Peasley ya está disgustado con él.

—Bueno, no me sorprende. Supongo que Matt vendrá a reclamarme dentro de poco que fui yo quien escogió a Andrews para el puesto, pero no olvides Skinner, que le advertí que el puesto sería temporal.

—Sí, míster Ricks, se lo advertimos.

—Bueno, creo que tendré que buscar a un sustituto antes de que Matt venga a echármelo en cara. Creo que Peck tiene varias características de un buen administrador para la oficina de Shangai, pero tendré que probarlo un poco más.

Mirando a Skinner con sonrisa picaresca, Cappy le dijo algo que hizo que su semblante semipálido enrojeciera:

—Oye Skinner, voy a pedirle a Peck que me traiga el *jarrón azul*.

—¡*El jarrón azul*!

—Sí Skinner, el *jarrón azul*...

Entonces Cappy, caminando hacia la ventana miró a la calle pensativo, y todavía sonriendo añadió:

—Sí, tenemos que ponerlo a prueba para darle la insignia del *jarrón azul*. Tú convendrás conmigo Skinner, en que si me entrega el *jarrón azul*, valdrá cien mil dólares al año, como nuestro gerente en Shangai.

—Sin duda que los valdrá, míster Ricks.

—Bueno Skinner, entonces notifica al jefe de policía y al propietario del bazar para que no te cueste tanto, y haz los arreglos necesarios para que Peck esté listo el domingo a la una. Yo me encargaré de lo demás.

—Entendido míster Ricks.

Míster Skinner salió casi sin poder contener la risa.

Capítulo V

Tienes disposición, entonces estás a prueba

El siguiente sábado, míster Skinner no se presentó en su oficina; de su casa avisaron que se encontraba enfermo. Su secretario tenía instrucciones de avisar a Peck que míster Skinner deseaba hablar con él ese día, pero debido a la enfermedad, no podría verlo en la oficina, pero como necesitaba reunirse con él antes de que saliera nuevamente de viaje el lunes, le agradecería que lo visitara en su casa el domingo por la tarde, a la una.

Peck contestó que con todo gusto estaría en casa de míster Skinner a la hora indicada.

A la una en punto del domingo se presentó Peck en casa de míster Skinner, a quien halló en cama leyendo el periódico, sin síntomas de estar enfermo. Después de desearle su pronta recuperación, entraron en discusión sobre los nuevos clientes y proyectos de los que míster Skinner estaba deseoso que Peck empezara a investigar.

En el curso de la conferencia, Cappy Ricks telefoneó. Míster Skinner estuvo escuchando por unos minutos y luego Peck le oyó decir:

—Míster Ricks, si no fuera porque estoy en cama y no podré salir hoy, con todo gusto cumpliría con sus deseos, pero míster Peck está aquí y estoy seguro que gustosamente él desempeñaría esa misión para usted.

—Claro que sí —interrumpió Peck—, sólo dígame a quién quiere que mate y dónde escondo el cuerpo.

—¡Ja, ja, ja! ¿Oyó eso míster Ricks?, dice Peck que le diga a quién mata y dónde esconde el cuerpo, y al instante saldrá a cumplir la orden.

Entonces Peck tomó el teléfono y con disposición saludó a míster Ricks

—¿Cómo está usted, míster Ricks?

—Hola viejo soldado, ya te oí, qué tremendo eres, ¿tienes planes para esta tarde?

—No, ninguno. Después de terminar mi reunión con míster Skinner estaré libre.

—Oye Peck, quisiera confiarte un encargo. No tengo a quién mandar, pero al mismo tiempo me da pena darte esta molestia...

—No será molestia alguna míster Ricks, mande lo que guste, que estoy a sus órdenes.

—Gracias Peck, por tu buena voluntad. Se trata de esto: En la mañana caminando por el centro de la ciudad, después de ir a misa, pasé frente a una tienda en la calle Sutter, entre Stockton y Powell, donde en un aparador vi un *jarrón azul*. Yo no soy muy afecto a los jarrones de ornato Peck, y aunque éste no es nada extraordinario y vale cualquier cosa, sucede que una dama a quien le tengo gran estimación posee otro igual, y ahora que es su aniversario de bodas, sé que nada le agradaría más como regalo, que tener otro jarrón como ese, para completar el par que necesita para las dos rinconeras que tiene en su comedor. Tengo que tomar el tren a las ocho de esta noche para llegar a tiempo mañana a Santa Barbara, donde ella vive, y poder felicitarla personalmente y entregarle el regalo. Así que Peck, ese *jarrón azul* es lo que quiero.

—Muy bien míster Ricks, comprendo que si no se lleva hoy mismo el jarrón y esperamos hasta mañana lunes a que abran la tienda no podrá llegar a tiempo a Santa Barbara. No llegaría sino hasta el martes.

—Ese es precisamente el caso, Peck. Ojalá lo hubiera visto ayer para no tener que molestarte, lo siento mucho.

—No necesita usted darme explicaciones ni disculpas míster Ricks, sólo dígame: ¿Es azul oscuro o azul pálido? Y, ¿de qué tamaño es? ¿Es liso o tiene figuras? ¿Está sobre alguna base? Descríbamelo por favor.

—Es un jarrón *Cloisonne* Peck, de un azul entre pálido y oscuro con figuras orientales de pájaros y flores. No te puedo decir con exactitud el tamaño, pero me parece que tiene unos 30 cm de alto, por diez de diámetro en el centro y está montado sobre una base de madera de pino.

—Con eso es suficiente míster Ricks, le llevaré el jarrón.

—Gracias Peck, muchas gracias. Me harás el favor de entregármelo cinco minutos antes de las ocho en la estación del *Southern Pacific*. Yo estaré a bordo del tren en el coche dormitorio número 7 de la sección A.

—De acuerdo míster Ricks, ahí estaré justo cinco minutos antes de las ocho.

—Oye Peck, el jarrón no vale mucho. Tú podrás pagarlo y mañana se lo cobras al cajero, le dices que lo cargue a mi cuenta ¿eh? Nos vemos entonces, adiós.

Skinner, como no dando importancia al encargo reanudo la conferencia y Peck no salió de la casa hasta las tres de la tarde, dirigiéndose enseguida a buscar el *jarrón azul*.

Capítulo VI

Cuando el camino
se pone duro,
los duros
se mantienen
en el camino

Al llegar a la calle Sutter, caminó por la banqueta entre Stockton y Powell, y luego otra vez, y aunque se fijó con el mayor cuidado en todos los aparadores y vitrinas que había, no pudo ver ningún *jarrón azul* o de otro color, ni tampoco encontró tienda alguna donde vendieran esa clase de mercancía.

"Sin duda que Cappy se equivocó en el nombre de la calle, o yo le entendí mal", pensaba

Peck. "Voy a hablarle por teléfono para que me repita la dirección".

—Si, bueno, ¿hablo a la casa de míster Ricks?

—Sí, ¿qué desea?

—Mire, soy un trabajador de la empresa maderera del señor Ricks, él me hizo un encargo pero creo que tomé mal los datos, podría llamarle para que me los repita.

—Lo siento, pero el señor ha salido y no sé a dónde fue ni a qué hora regresará.

—Ah entiendo, bueno gracias de todas formas.

Entonces Peck regresó a la calle Sutter y la recorrió de nueva cuenta, por un lado y por el otro, se asomó en toda vitrina que encontró sin mejor resultado que la primera vez. Luego dobló sobre una de las calles que cruzaban, caminando dos cuadras en una dirección y dos en otra, y así continuó recorriendo todas las calles del barrio sin vislumbrar en ninguna parte el consabido *jarrón azul*.

No por eso se dio por vencido, sino que empezó a buscar en otra zona comercial, caminó calles y más calles en todas direcciones sin mejor suerte y, como último recurso, se dirigió a una zona aislada de la calle Post, la única calle que no había recorrido, y donde recordó, existían dos o tres pequeñas tiendas. Al llegar a la última de ellas, notó de pronto en un aparador un jarrón, que al parecer respondía a las descripciones que míster Ricks le había dado.

— ¡Bingo!, creo que por fin esta es la tienda. A ver... sí claro, éste debe ser, es exactamente como me lo describió míster Ricks, pero qué tonto, ¿cómo pude equivocarme?, estoy muy lejos de la dirección que me dio, ¿o acaso se equivocó él? No, no creo, ¿cómo pudo?, debí haber sido yo. Bueno, entremos por él.

Con un suspiro de satisfacción trató de abrir la puerta, pero estaba cerrada con llave como ya suponía. De todos modos golpeó con fuerza por si acaso hubiera alguien adentro que pudiera abrirle, pero nadie contestó, entonces, cruzando la calle levantó la vista y vio en la fachada un letrero que decía:

COHEN'S ART SHOP

Sin pérdida de tiempo se dirigió al hotel más cercano, donde echando mano de un directorio, empezó a buscar el nombre del susodicho bazar, sin encontrarlo. En el directorio estaban inscritas 19 personas de apellido Cohen.

Entonces pidió en la oficina del hotel un directorio comercial de la ciudad, en el cual halló el nombre de B. Cohen como propietario de un bazar de objetos de arte, situado en el establecimiento donde había visto el *jarrón azul*, pero no daba la dirección de su residencia particular. Sin perder la paciencia, siguió buscando en las ciudades vecinas de Berkeley, Oakland y Alameda, pero tampoco encontró nada.

Con un poco de desesperación corrió buscando cambiar un dólar en monedas y dirigiéndose de nuevo al teléfono empezó a llamar a cuantas personas de apellido Cohen figuraban en la guía telefónica de San Francisco. De las 19 personas, cuatro no contestaron, tres tenían el teléfono temporalmente suspendido, seis le contestaron en otro idioma, cinco no eran el Cohen que él buscaba, y uno era irlandés y su apellido era Cohan y no Cohen. El resultado fue nulo.

Entonces prosiguió consultando las guías telefónicas de Berkeley, Oakland, Alameda, San Rafael, Sauzalito, Mill Valley, San Mateo, Redwood City y Palo Alto, llamando a cuantos B. Cohen aparecían en la guía. Al llamar al último sin lograr mayor éxito, el sudor empezó a recorrer su cuello y el corazón empezó a latir más rápido... estaba perdiendo la paciencia. Tomando un respiro, salió del hotel, levantó la cara al cielo y deseo por primera vez haber quedado mejor tendido en el campo de batalla antes de perder su honor buscando al mentado Cohen. Vio su reloj, eran ya las seis de la tarde.

"Las seis, no, no puede ser, debe haber un error. Regresaré a la tienda y verificaré los datos".

Peck volvió al bazar y mirando nuevamente el letrero, notó con gran sorpresa que el apellido del dueño no era Cohen sino Cohn.

"¿Qué? No es Cohen, es Cohn. No puede ser, ahora además de cojo, ¡ciego!"

Esto hacía necesario que volviera al hotel para llamar a todos los Cohn que hubiera en la ciudad. Había ocho de ellos en San Francisco, de los cuales seis estaban fuera, uno estaba borracho y el último tenía un acento que apenas se podía entender.

Hizo cambiar un billete de 20 dólares en monedas pequeñas, se dirigió al teléfono, y de nuevo empezó a llamar a cuantas personas de nombre B. Cohn había registradas en las ciudades vecinas a San Francisco y sus suburbios.

Pero esta vez comenzaba a sonreírle la suerte. A la llamada numero seis, dio con la residencia del tal míster Cohn exacto que buscaba, el cual vivía en San Rafael; llamó impacientemente pero tan sólo para que un sirviente le informara que su amo había ido a comer a la casa de un tal míster Simon, en la vecina población de Mill Valley.

Tres personas de apellido Simon aparecían en la guía telefónica como residentes de Mill Valley. Peck llamó a las tres preguntando cada vez si míster Cohn estaba allí. Fue hasta la tercera llamada dio con él.

—Sí, el señor Cohn está aquí. ¿Quién desea hablar con él? ¡Ah!, ¿míster Heck?

—No, Peck, míster Peck desea hablar con él.

—Oh, míster Lake, un momento por favor. Míster Cohn dice que no conoce a ningún Beck, además está comiendo y no quiere que lo moleste a menos que sé trate de un asunto muy importante.

—Dígale que se trata de algo importantísimo, y que mi nombre es William Peck no "Beck".

—Oh, ¿Deck, míster Ben Deck?

—¡No!, ¡No! ¡Peck! ¡Peck! ¡P... E... C... K...!

—¡Oh!..... ¡Míster PECEKA!...

—¡Mire, ponga a Cohn al teléfono o tomaré el próximo ferry e iré a matarlo personalmente! Llámelo y dígale que su tienda sé está incendiando.

Un momento después, míster Cohn hablaba sumamente nervioso.

— ¡Hola! ¿Hablo con el jefe de bomberos? — preguntó en voz entrecortada.

— No, míster Cohn, su tienda no se está incendiando, tuve que decir eso para que me contestara el teléfono. Usted no me conoce, pero en la vitrina de su tienda, aquí en San Francisco, hay un *jarrón azul* que quiero comprar urgentemente antes de las 7:45. Le ruego que inmediatamente venga a abrir el bazar y me venda el jarrón.

— ¡Qué demonios! ¿Me está usted tomando el pelo o supone que estoy loco?

— No, míster Cohn, nada de eso, si alguien está loco, ese soy yo; estoy loco por el *jarrón azul* y quiero llevármelo ahora mismo.

— ¿Sabe usted lo que vale ese jarrón?

— No, ni me importa. Yo lo quiero, cueste lo que cueste.

— ¿Pero qué hora es? Déjeme ver — después de un momento de silencio mientras veía el reloj, replicó —, son cuarto para las siete, y el próximo tren sale para San Francisco hasta las 8:00 míster PECEKA, así que no podré llegar antes de las 8:50. Además, me encuentro cenando con unos amigos y apenas estoy terminando la sopa.

— Mire míster Cohn, al diablo con su sopa. Ese *jarrón azul* tengo que llevármelo hoy mismo.

—Bueno, si no puede usted esperar, llame por teléfono a míster Herman Joost, mi encargado que vive en Chilton Apartments. El número de su teléfono es Prospect 3249. Dígale de mi parte que vaya enseguida a abrir el bazar y que le venda el jarrón. Adiós míster PECEKA —y míster Cohn colgó el teléfono.

—Bien, calma... que no cunda el pánico, el teléfono es...

—¡Bueno! Sí, aquí es, ¿quién le llama?

—Peck, William Peck, estoy buscando a míster Herman Joost.

—¡Oh! Lo siento, míster Deck, pero mi hijo no se encuentra en este momento, salió a cenar al Country Club.

—Peck señora, William Peck; así que a cenar al Country Club. ¿Cuál Country Club?

—Ay míster Deck, yo no lo sé, pero si gusta llame más tarde.

La buena señora no sabía, así que Peck pidió a la oficina del hotel una lista de todos los clubes de San Francisco y sus alrededores y comenzó a llamar por teléfono.

Eran las 8:00 y aún no había dado con el tal míster Joost, en ningún Club lo conocían.

"Estoy perdido", murmuro Peck, "pero nadie puede decir que morí sin luchar. El único recurso que me queda es romper la vitrina con un ladrillo y echarme a correr con el jarrón".

—¡Taxi! A la calle Post por favor...

Al acercarse el taxi al bazar, le dijo al chofer que lo esperara a la vuelta de la esquina y le pidió prestado un martillo. No obstante, para su sorpresa, cuando llegó al bazar encontró a un policía parado frente a la puerta fumándose un cigarrillo.

Viéndolo, Peck continuó su camino sin detenerse, y más adelante cruzó al otro lado de la calle y regresó.

Ya era de noche, y al pasar de nuevo frente al bazar, observó un letrero iluminado sobre la puerta en que el apellido del propietario no decía Cohn, sino "Cohen".

Al ver esto el veterano Peck, se sentó sobre el hidrante de bomberos, exhausto y desconcertado; su pierna coja le dolía y, por alguna desconocida razón, sentía una comezón en su brazo amputado. Tenía hambre, pues no había desayunado por llegar puntual a su cita con Skinner y estaba demasiado ocupado para pensar siquiera en buscar comida.

Peck fue a donde el taxi lo esperaba y volvió al hotel. Teniendo una de esas almas que no acepta la derrota fácilmente, volvió a llamar por teléfono al domicilio de míster Joost (Prospect

3249), y por primera vez la suerte le favoreció, míster Joost había regresado.

Peck, con voz ansiosa, le informo lo que deseaba y de la orden que había dado míster Cohn.

—Bueno míster KEK, entiendo lo que usted me quiere decir, pero sabrá, primero tengo que hablar por teléfono con míster Cohn, pues debo asegurarme que lo que usted me dice es cierto, y si míster Cohn confirma la orden, entonces estaré, míster KEK, en el bazar antes de las nueve.

Con la impaciencia que es de suponer, Peck esperaba fuera del bazar. Finalmente, a las nueve y cuarto, Joost se presentó con un policía que, por precaución, había pedido que le acompañara. Encendió las luces, abrió la puerta y con gran cuidado sacó del escaparate el *jarrón azul*.

—¿Cuánto vale?

—¡Oh! Dos mil dólares —contestó Joost, tan fríamente como sí hubiera dicho cincuenta centavos.

—¿Qué? ¡Dos mil dólares! —Exclamó Peck con una voz y un semblante de desesperación—, no es posible, si sólo traigo diez dólares. ¿Acepta usted un cheque personal míster Joost?

—¡Oh!, míster KEK, yo no lo conozco, ¿usted sabe cuál es el principal día festivo en mi pueblo, eh...?, es el "Premero d'enero" ja..., ja..., ja...

—¿Dónde esta su teléfono míster Joost?

—Puede usar éste, pero le advierto que no tengo todo el tiempo del mundo.

—Sí lo sé. El número de míster Skinner es. Sí, ya lo tengo. Él me puede ayudar... ¡Míster Skinner! —balbuceó Peck—, estoy en un terrible apuro y casi exhausto, conseguí que abrieran el bazar pero el jarrón que míster Ricks tanto desea cuesta dos mil dólares y yo entendía que costaba cualquier cosa.

—Por tu madre, Peck, ¿has estado en busca del jarrón todo este tiempo?

—Sí, y estoy dispuesto a llevármelo. Hágame el favor de traerme aquí, al bazar de míster Cohn, en la calle Post cerca de la avenida Grand, los dos mil dólares, porque yo ya no tengo fuerzas para ir por ellos.

—Mi querido Peck —replicó míster Skinner compasivamente—, no tengo aquí dos mil dólares, esa es una cantidad demasiado grande para llevarla en la cartera o guardarla en casa.

—Bueno, entonces tenga la bondad de venir al centro inmediatamente, abrir la oficina y sacar el dinero de la caja fuerte.

—¡Oh no, Peck! Eso es imposible, eso no lo puedo hacer.

—Bueno míster Skinner, entonces hágame el favor de venir de todos modos para que me identifiquen en alguna parte donde puedan aceptar un cheque personal mío.

—¿Tienes suficientes fondos en el banco, Peck?

Esta pregunta puso fin a la conversación y Peck, deseando ser tragado por la tierra, llamó enseguida a la casa de míster Ricks, sabiendo que allí residía su yerno, el capitán Peasley.

Afortunadamente lo halló en casa y Peasley lo escuchó con bastante amabilidad.

—Peck, es casi increíble que te hayan asignado una misión semejante. Sigue mi consejo y olvídate del *jarrón azul*.

—No puedo, míster Ricks se sentiría muy defraudado si no le entrego el jarrón. Él se ha portado conmigo de manera espléndida y considero un deber ineludible cumplir con este deseo suyo.

—Pero ya es muy tarde para entregárselo Peck, Cappy se fue en el tren de las 8:00 y ya son las 9:30.

—Lo sé. Pero si puedo conseguir el jarrón, yo se lo puedo entregar antes de que baje del tren en Santa Barbara a las 6:00 de la mañana.

—¡¿Cómo?!

—Aquí en el aeropuerto hay una escuela de aviación, yo tengo un amigo que da clases ahí y con gusto me llevará en su avión a Santa Barbara.

—¡Estás loco!

—Lo sé, pero por favor présteme dos mil dólares.

—¡Dos mil dólares! ¡¿Para que?!

—Para comprar el *jarrón azul*.

—Ahora ya no me cabe duda de que estás loco. En cuanto míster Ricks sepa que has pagado dos mil dólares por ese jarrón te mandara al manicomio.

—Oiga, capitán Peasley, ¿me va a prestar los dos mil dólares, sí o no?

—No Peck, vete a tu casa a dormir y olvídate del maldito jarrón.

—¡Por favor capitán Peasley! A usted le pueden cambiar un cheque porque lo conocen bien y a mí no; además hoy es domingo.

—Bueno, míster KEK —dijo Joost interrumpiendo—. ¿Vamos a estar aquí toda la noche o qué?, le dije no tengo todo el tiempo del mundo, ya es tarde y es DORMINGO.

Peck colgando el teléfono lo miró en actitud de desafió y le dijo:

—¿Es usted conocedor de diamantes?

—Claro, claro. ¡Diamantes sí conozco!

—¿Me espera aquí a que vaya al hotel a traer uno?

—Bueno seño KEK, o como se llame, sólo porque me caerían muy bien esos dos mil dólares en DORMINGO, pero conste que si tarda me iré y tendrá que venir hasta mañana.

William Peck salió cojeando tan aprisa como pudo. Cuarenta minutos más tarde estaba de regreso con un anillo de platino que tenía un hermoso diamante rodeado de zafiros.

—¿Cuánto cree usted que valga este anillo?

Joost lo miró con disimulada admiración y dijo:

—¡Oh!, míster KEK, no está mal... unos dos mil quinientos dólares.

—Se lo dejo en prenda —se apresuró a decir Peck—, deme un recibo y cuando haya cobrado usted mi cheque vendré a recogerlo.

Quince minutos después, con el *jarrón azul* cuidadosamente empacado, Peck entraba a cenar a un restaurante. Al terminar ordenó un taxi y a toda velocidad se dirigió al aeropuerto.

Allí se informó de la residencia de su amigo aviador, se comunicó con él y a medianoche ambos y el *jarrón azul* se perdían en las nubes, bajo la luz de la luna, rumbo al sur.

Capítulo VII

Sólo hazlo

Hora y media más tarde aterrizaban en el valle de Salinas, cerca de la vía del ferrocarril. Peck descendió y su amigo emprendió el vuelo de regreso a San Francisco. Se sentó sobre la vía del ferrocarril y esperó a que el tren bajara por el valle.

Cuando vio que el tren en que viajaba Cappy Ricks se aproximaba, tomó un periódico que había conseguido, lo hizo una antorcha y empezó a hacer señales con ella en medio de la vía. El tren se detuvo, el conductor abrió la puerta de uno de sus coches para averiguar lo que pasaba y Peck se metió de un salto.

— ¿Quién diablos es usted? ¿Por qué hizo parar el tren? ¿Tiene un boleto?

— No tengo un boleto, pero puedo pagárselo, y lo hice parar porque tengo urgencia de ver a un pasajero que viene en este tren, en la sección A del coche número siete, y si trata de detenerme o bajarme del tren, le juro que lo mataré.

—¡Ah sí! Claro, sólo porque está cojo cree que no podré defenderme, pero ¡ahh!, ahora que recuerdo, en la estación un señor de baja estatura y avanzada edad, antes de partir de San Francisco, me preguntó si había visto a un individuo con un paquete debajo del brazo.

—Sí, ese individuo soy yo, aquí traigo el paquete que no pude entregarle a tiempo, hágame el favor de llevarme a su sección.

El conductor llevó a Peck hasta el camarote de Cappy, tocaron el timbre varias veces hasta que al fin abrió la puerta; estaba en su bata de noche.

—Soy William Peck, míster Ricks, perdone que venga a importunarlo a esta hora, pero es que tropecé con tantas dificultades para poder conseguir el *jarrón azul* que usted tanto quería, que no pude llegar a tiempo a la estación. La dirección de la tienda no era la que usted me dio y tuve que buscarla por todo San Francisco, además de llamar por teléfono a todos los Cohen, y Cohn que hay en la ciudad y los suburbios. También fue imposible conseguir en un domingo por la noche los dos mil dólares que costaba el jarrón, pero estoy aquí, porque le prometí entregárselo, y aunque no logré hacerlo a la hora que me indicó, aquí lo tiene usted, porque lo que yo prometo lo cumplo.

Cappy Ricks miraba a Peck con ojos azorados, como si lo creyera loco. Luego se echó a reír, lo hizo tomar asiento, y comenzó a contarle cómo todas las dificultades con que había tropezado habían sido fraguadas intencionalmente.

—Pero, ¡por el santo niño Jesús, Peck!, te di una dirección errónea, cambiamos el nombre de la tienda, te puse un policía para que no trataras de romper el vidrio y le subimos el precio hasta dos mil dólares, en un domingo por la noche, en una ciudad donde eres prácticamente desconocido. Perdiste el tren de las ocho, y aún así, a las dos de la mañana, en medio del camino, tú me entregas el *jarrón azul*. Ven y pasa pobre hombre, toma asiento y descansa. Me siento muy comprometido contigo.

Al oír esto Peck casi se desmayó, pero rehaciéndose, con los ojos húmedos a punto de llorar, como quien ha sufrido un terrible desengaño y siente el corazón herido, interrumpió en tono grabe y airado:

—Así que todo fue un plan míster Ricks, un maldito plan. Mire, no aguanto el dolor de mi pierna y me muero de cansancio; si no fuera porque usted es un hombre de avanzada edad y porque le debo favores, no sé lo que le haría por esta broma tan pesada que se ha permitido jugarme. Míster Ricks, yo fui entrenado a obedecer órdenes sin discutir, por más necias que éstas fueran, a cumplir con los cometidos que se me confían con puntualidad, y si no, tan pronto como sea posible. Desde muy joven me inculcaron lealtad hacia mis superiores, pero ahora me duele que mi estimado jefe haya querido hacer de mí un payaso, burlarse de un fiel servidor. Desde hoy en adelante puede usted mandar a Skinner, o a quien le dé la gana, a vender su abeto apestoso que tanto trabajo me ha costado a mí.

—Mi querido Peck, bien sé que lo que hice fue cruel, extremadamente cruel, pero tengo que confiarte un puesto de tal importancia, que necesitaba ponerte a prueba para asegurarme que podías desempeñarlo. Por esto te confié la tarea más dura que doy a los que necesito para los cargos que requieren hombres que nunca se dan por vencidos. Así es que, Peck, ahora estoy orgulloso de concederte *La insignia del jarrón azul*, que es la prueba suprema para un líder triunfador. Ahora te hago saber, hijo, que en vez de haberme traído un jarrón que te costó dos mil dólares, saldrás de este tren con un puesto de cien mil dólares al año, como gerente de nuestra oficina de Shangai.

—¡¿Que, qué?! ¡Gerente de su oficina en Shangai! ¡Cien mil dólares al año!

—Sí Peck, siempre que voy a designar a alguien que ganará más de cien mil dólares al año, tiene que ganarse primero *La insignia del jarrón azul*. De quince hombres a quienes he puesto a prueba, tú eres el segundo que ha salido vencedor.

—Gracias míster Ricks, y perdone lo que le dije. Haré de mi parte todo lo posible para desempeñar mi cometido en Shangai a su entera satisfacción.

—Eso bien lo sé Peck, pero dime, ¿no te viste a punto de abandonar, al tropezar con tantas dificultades casi imposibles de vencer?

—Sí señor, confieso que me entraron deseos de suicidarme antes de haber llamado por teléfono a cuantos "Cohen" y "Cohn" hay en San Francisco, pero lo hice señor, sólo porque no quise defraudar a un hombre al que conocí y me ha inspirado siempre.

—¿Quién fue ese hombre Peck?

—Era mi brigadier, míster Ricks, y tenía un mandamiento máximo que me enseñó nunca romper. Esa máxima era: "LO HARÉ". Cuando el comandante de nuestra división lo llamó y le dijo que debía mover su brigada hacia un territorio ocupado por el enemigo, nuestro brigadier solamente contestó: "Muy bien señor, LO HARÉ". De ahí en adelante, si algún oficial de nuestra brigada mostraba signos de flaqueza en su misión porque ésta pareciera imposible, nuestro brigadier solamente lo miraba fijamente a los ojos; entonces, como por arte de magia, aquel oficial recordaba nuestra máxima y hacía su tarea o moría en el intento. Mi brigadier en una ocasión me dio la orden de ir y capturar a un francotirador que estaba causando muchas bajas en nuestra compañía. Él sólo abrió un mapa y me dijo: "soldado Peck, aquí está más o menos la trinchera en donde se encuentra escondido, ve y captúralo". Y bueno, míster Ricks, yo tomé mi rifle y mirándolo a los ojos fijamente le dije: "LO HARÉ". Nunca olvidaré la forma en que ese hombre me miró a los ojos. Un tiempo después fue a verme al hospital donde me hallaba internado. Yo sabía que había perdido por completo mi mano izquierda y que iba a quedar dañado de por vida en mi pierna... en ese momento me hallaba totalmente deprimido y sólo quería morir. Entonces él se acercó a mí y dijo: "Soldado

Peck, uno no puede estar medio muerto o medio vivo, una vez que regreses a tu vida civil, tendrás que vivir y entregarte al máximo, pues este mundo no es para los mediocres". Pero yo estaba muy deprimido y le dije que no podía, entonces él me vio con aquella mirada penetrante y dijo: "Soldado Peck, debe hacer el mejor de sus esfuerzos para recuperarse, y como un buen principiante de su nueva vida, debe sonreír, como aquella vez en el campo de batalla cuando le di la orden de avanzar y con una sonrisa ingenua me dijo: «LO HARÉ»". Claro, él pronunció esto con el tono de una orden. Estuve a punto de dejarme vencer por el temor, pero un extraño sentimiento revivió mi ser y dije con entusiasmo: "LO HARÉ". Él era sólo mi brigadier, míster Ricks, pero su espíritu de lucha quedó impregnado en mi ser, y lo recuerdo cada que inicio una nueva misión.

—Lo veo, Peck, lo veo. Pero, ¿quién era ese hombre?

Entonces Peck, en un tono de respeto le dio el nombre de su brigadier, y Cappy, con una enorme admiración y una expresión de total desconcierto exclamó:

—¡Pero por todos los santos Peck! ¡Hijo mío, hace 25 años tu brigadier fue candidato para un importante puesto en mi empresa y yo le di *La insignia del jarrón azul*! Él no pudo obtener el jarrón legalmente, así que tomando un ladrillo rompió el cristal y salió corriendo con el jarrón, pero una milla y media adelante lo agarró la policía. Me costó mucho dinero reparar los daños y hacer que se olvidara el caso, pero él era demasiado bueno. Por desgracia no pude retenerlo conmigo, tuve que dejarlo ir para que cumpliera su destino. Pero Peck, ¿cómo hiciste para conseguir esos dos mil dólares?

—Como le dije antes, mi brigadier y yo fuimos los primeros en entrar a esas trincheras en el territorio enemigo, había todavía mucha resistencia pues no se rendían, así que tuve que lanzarles varias granadas y, cuando entramos, me encontré un pedazo de dedo con un anillo en él, entones mi brigadier me dijo que si yo no lo tomaba, alguien más lo haría. Ese fue el anillo que dejé al encargado del bazar como garantía de mi cheque.

—Pero, ¿cómo tuviste el coraje para dejarlo por un jarrón de dos mil dólares?, ¿no pensaste acaso que el precio era demasiado absurdo y que yo te iba a reclamar por esa compra?

—Bueno Cappy, en verdad no. Usted es responsable por los actos de sus sirvientes. Y creo que por eso nunca repudiaría los métodos que tomara para cumplir sus encargos. Usted me dijo qué era lo que tenía qué hacer, pero nunca insultó mi inteligencia diciéndome cómo hacerlo. Así también, cuando mi brigadier me mandó tras el francotirador enemigo, nunca tomó en consideración la probabilidad de que el capturado fuera yo. Él me dijo que lo capturara, entonces era mi problema cómo hacer para terminar mi misión y llevar a cabo mi objetivo, y claro, no podía cumplirlo si el enemigo me capturaba.

—Lo entiendo Peck, lo entiendo. Mira, dale este jarrón al portero en la mañana, yo pagué quince centavos por él en una tienda de "todo a un precio". Por lo pronto acuéstate en esa cama de arriba y descansa, que bien te lo mereces.

—Pero Cappy, ¿qué no tiene que llegar mañana al aniversario de bodas de su amiga?

—¡Oh!, el aniversario claro. No Peck, tampoco hay ningún aniversario de bodas, hace tiempo que descubrí que era una muy buena idea darme una escapada de vez en cuando e irme a jugar golf por ahí, lo mas alejado de los problemas de la ciudad. Además, la prudencia me decía que era bueno que estuviera fuera después de que el buscador del *jarrón azul* fallara en su intento por obtenerlo. Pero en fin Peck, dime, ¿qué tipo de juegos te gusta jugar? ¡Oh!, perdón, olvidaba lo de tu brazo izquierdo.

—¿Qué dice? Pero míreme, aún me queda un brazo sano para jugar al golf.

—¿Pero es que alguna vez lo has hecho?

—¡Oh, no señor! Pero simplemente: "¡LO HARÉ!"

fin

TÍTULOS DE ESTA COLECCIÓN